BEI GRIN MACHT SICH IHR WISSEN BEZAHLT

- Wir veröffentlichen Ihre Hausarbeit,
  Bachelor- und Masterarbeit

- Ihr eigenes eBook und Buch -
  weltweit in allen wichtigen Shops

- Verdienen Sie an jedem Verkauf

Jetzt bei www.GRIN.com hochladen
und kostenlos publizieren

Bibliografische Information der Deutschen Nationalbibliothek:

Die Deutsche Bibliothek verzeichnet diese Publikation in der Deutschen National-
bibliografie; detaillierte bibliografische Daten sind im Internet über http://dnb.d-
nb.de/ abrufbar.

Impressum:

Copyright © 2017 GRIN Verlag
Druck und Bindung: Books on Demand GmbH, Norderstedt Germany
ISBN: 9783668904668

Dieses Buch bei GRIN:

https://www.grin.com/document/458221

Nina Salig

Soziale Gruppenarbeit in der Schule. Wie wichtig ist der Ansatz der Positiven Peerkultur?

GRIN Verlag

Philipps-Universität Marburg
Institut für Erziehungswissenschaft
Fachbereich: Erziehungswissenschaften

Modulabschließende Hausarbeit
BA 7: Einführung in die Sozial- und Rehabilitationspädagogik

Wintersemester 2016/2017

Soziale Gruppenarbeit in der Schule

Welche Bedeutung hat der Ansatz der Positiven Peerkultur für das Gelingen von Sozialer Gruppenarbeit?

Vorgelegt von:

Nina Salig

Inhaltsverzeichnis

1.   Einleitung

Eines der Aufgaben von sozialpädagogischer Arbeit ist es, Menschen in Problemlagen dazu zu helfen, ihre Herausforderungen zu überwinden. In dieser Arbeit geht es um die Herausforderungen von Jugendlichen. SozialpädagogInnen können sie in der außerschulischen Jugendarbeit unterstützen oder direkt an der Institution Schule. Die Schulsozialarbeit hat verschiedene Wirkungsebenen und -adressaten. Die vorliegende Arbeit beschäftigt sich mit der Gruppen-Ebene; genauer gesagt mit der Gruppenarbeit.

„Ein Ausgangspunkt Sozialer Gruppenarbeit ist, dass der Mensch die Zugehörigkeit zu einer Gemeinschaft und die dort gemachten Erfahrungen für seine Persönlichkeitsentwicklung braucht. [...] Insbesondere Kinder und Jugendliche brauchen für ihr persönliches Wachstum andere Menschen, da sich Lernen und Entwicklung immer im Austausch mit und in der Beziehung zu anderen vollzieht" (Stüwe et al. 2015, S. 295).

Wie in dem Zitat deutlich wird, geht es bei der Sozialen Gruppenarbeit darum, dass die Kinder und Jugendlichen durch den Austausch mit den Peers ihre Persönlichkeit weiterentwickeln. Eine Art und Weise wie Sozialpädagogische Gruppenarbeit in Schulen stattfindet, ist das Konzept der Positiven Peerkultur. Diese Arbeit untersucht, welche Bedeutung der Ansatz der Positiven Peerkultur für das Gelingen Sozialer Gruppenarbeit hat.

Im nächsten Kapitel werden zunächst die Grundlagen für die Arbeit mit Jugendlichen an der Schule beschrieben. Es wird ein Überblick über die Schulsozialarbeit gegeben und auf die Sozialisation von Jugendlichen eingegangen. Im dritten Kapitel werden die Ziele und Voraussetzungen von Sozialer Gruppenarbeit erklärt und ein Ablauf beschrieben. Das anschließende Kapitel beschäftigt sich dann mit dem Ansatz der Positiven Peerkultur. Im abschließenden Fazit werden die Ergebnisse der Arbeit zusammengefasst und kritisch hinterfragt, was die Positive Peerkultur leistet und welche Fragen weiterhin bestehen bleiben.

2. Grundlagen für die sozialpädagogische Arbeit mit Jugendlichen in der Schule

Die sozialpädagogische Arbeit an der Schule wird Schulsozialarbeit genannt. Der nächste Kapitelabschnitt beschreibt die Funktionen und Grundprinzipien. Da bei der Arbeit die Jugendlichen das Klientel darstellen, wird darauf folgend die Sozialisation von Jugendlichen beschrieben, um gleichzeitig auf die Peers einzugehen.

2.1. Schulsozialarbeit – ein Überblick zur Funktion

Schulsozialarbeit dient der Unterstützung von Jugendlichen am Ort Schule. Speck fasst mit seiner Definition die wichtigsten Punkte wie folgt gut zusammen:

"Unter Schulsozialarbeit wird [...] ein Angebot der Jugendhilfe verstanden, bei dem sozialpädagogische Fachkräfte kontinuierlich am Ort Schule tätig sind und mit Lehrkräften auf einer verbindlich vereinbarten und gleichberechtigten Basis zusammenarbeiten, um junge Menschen in ihrer individuellen, sozialen, schulischen und beruflichen Entwicklung zu fördern, dazu beizutragen, Bildungsbenachteiligungen zu vermeiden und abzubauen, Erziehungsberechtigte und LehrerInnen bei der Erziehung und dem erzieherischen Kinder- und Jugendschutz zu beraten und zu unterstützen sowie zu einer schülerfreundlichen Umwelt beizutragen. Zu den sozialpädagogischen Angeboten und Hilfen der Schulsozialarbeit gehören insbesondere die Beratung und Begleitung von einzelnen SchülerInnen, die sozialpädagogische Gruppenarbeit, die Zusammenarbeit mit und Beratung der LehrerInnen und Erziehungsberechtigten, offene Gesprächs-, Kontakt- und Freizeitangebote, die Mitwirkung in Unterrichtsprojekten und in schulischen Gremien sowie die Kooperation und Vernetzung mit dem Gemeinwesen" (Speck 2006, S. 23).

Speck zeigt mit seiner Definition die Vielfältigkeit von Schulsozialarbeit, da die SozialpädagogInnen zum Einen mit den Lehrkräften kooperieren und zum Anderen aber auch in Kontakt mit den Erziehungsberechtigten stehen. Das Zitat zeigt die Bandbreite an Angeboten, wobei der Fokus in den folgenden Kapiteln auf der sozialpädagogischen Gruppenarbeit liegt.

4

"Schulsozialarbeit [verfolgt] in erster Linie sozialpädagogische Ziele im Sinne einer Förderung der Lebensbewältigung und Kompetenzentwicklung" (Speck 2006, S. 24). Die Wirkungseinschätzung variiert je nach befragter Akteursgruppe (Schüler, Eltern, Lehrer, etc.) und Erhebungsmethode. Schüler und Lehrer schätzen Lernerfolge durch Schulsozialarbeit als sehr hoch ein (z.b. Gruppenverhalten, Verantwortungsgefühl, Engagement). (vgl. Olk und Speck 2009, S. 919)

Ziegele et al. zählen außerdem fünf Grundprinzipien der Sozialen Arbeit in der Schule auf:

1. Lebensweltorientierung

2. Niedrigschwelligkeit

3. Systemisch-lösungsorientiertes Arbeiten

4. Diversität

5. Partizipation (vgl. Ziegele et al. 2014, S. 63)

Nachdem nun die Schulsozialarbeit definiert wurde, geht es im folgenden Abschnitt um die verschiedenen Sozialisationsinstanzen von Jugendlichen. Dabei wird vor allem die dritte Instanz näher beschrieben und die Entwicklungsaufgaben der Jugendlichen genannt.

2.2.　Sozialisation von Jugendlichen

Für die Sozialisation der Jugendlichen spielen nicht nur die primären Sozialisationsinstanzen wie die Familie und die sekundäre Sozialisationsinstanz Schule eine wichtige Rolle, sondern vor allem auch die tertiäre Sozialisationsinstanz. Bei den tertiären Sozialisationsinstanzen handelt es sich um "Instanzen der sozialisationsrelevanten Lebenswelt" (Hurrelmann 2012, S. 161). Dazu gehören sowohl die Systeme Politik, Religion, Freizeit als auch Konsum, Medien und die Freunde.

Die Freundesgruppe ermöglicht es dem Jugendlichen, seine Sichtweisen und Gefühle auszudrücken und sich mit Personen des gleichen Alters darüber auszutauschen. Dabei geht es vor allem um die Bewältigung der Entwicklungsaufgaben. Diese können in der Freundesgruppe dadurch bewältigt werden, indem über Sorgen, Ängste, Probleme offen miteinander geredet werden kann. (vgl. Hurrelmann 2012, S. 161–165)

Schon Vorrath und Brendtro haben 1985 gesagt, dass die Peergruppe den stärksten Einfluss auf einen Jugendlichen hat: „The peer group has the strongest influence over the values, attitudes, and behavior of most youth" (Vorrath und Brendtro 1985, S. 2).

„Peers lösen in vielen Bereichen die Familie als primäre Bezugsinstanz ab und eröffnen damit neue Bildungs- und Sozialisationsräume in der Freizeit, die schulisches und informelles Lernen, wie z.b. den Erwerb von sozialen Kompetenzen, fördern" (Harring und Böhm-Kasper 2010, S. 9). Hurrelmann geht davon aus, dass die Menschen in jedem Lebensabschnitt verschiedene Entwicklungsaufgaben zu bewältigen haben. Er meint damit die gesellschaftlichen und kulturellen Erwartungen, die an den Menschen gestellt werden und denen er gerecht werden muss: Im Jugendalter geht es um die Akzeptanz der Veränderungen des eigenen Körpers, das Erwerben von schulischen Qualifikationen und die Ablösung von den Eltern. Um die Entwicklungsaufgaben zu bewältigen, setzen sich die Jugendlichen permanent mit ihrer Persönlichkeit auseinander und müssen eine Balance finden zwischen den Erwartungen von außen (z.b. von den Eltern) und den eigenen Erwartungen an die Zukunft. (vgl. Hurrelmann 2012, S. 58–59)

Während der Jugendphase distanzieren sich die Jugendlichen immer mehr von ihrem Elternhaus. Die Jugendlichen wollen eigenständiger sein und sich von den Eltern räumlich und finanziell ablösen. Peers fungieren während dieser Phase als Ratgeber und unterstützen sich gegenseitig. Es werden Probleme besprochen und es wird sich über Gefühle und Sorgen ausgetauscht - die Peers geben sich Hilfestellungen. (vgl. Harring und Böhm-Kasper 2010, S. 12) Der Austausch mit der Freundesgruppe ist für Jugendliche sehr wichtig für die Bewältigung ihrer Entwicklungsaufgaben. Freundesgruppen unterstützen sich gegenseitig bei der Lösung von Problemen und zeigen Solidarität. [1]

---

1 Weiterführende Literatur zur Sozialisation und den Entwicklungsaufgaben von Jugendlichen bietet Albisser, S. Buschor, C.B. (Hrsg.) (2011): Sozialisation und Entwicklungsaufgaben Heranwachsender. Schneider Hohengehren.

Ein Ziel in der Entwicklungsphase sollte es sein, dass die Jugendlichen nicht nur ihre eigenen Stärken entwickeln (Vertrauen und Zuversicht in die eigene Person), sondern auch erkennen, dass sie sozial kompetent sind und einen Teil für die Gesellschaft beitragen können. Dies sollen sie nicht nur durch Erwachsene lernen, sondern auch aus ihrer Peergruppe heraus. (vgl. Unger 2008, S. 63)

Abschließend soll hervorgehoben werden, dass man nicht allgemein von der „Peer Group" gesprochen werden kann, die bestimmten Sozialisations- und Bildungseinflüssen ausgesetzt ist, da diese Einflüsse von der Zusammenstellung, Alter, Geschlecht der Peergruppe abhängig sind. (vgl. Harring und Böhm-Kasper 2010, S. 15)

Das nächste Kapitel geht nun auf die sozialpädagogische Methode der Sozialen Gruppenarbeit an Schulen ein.

3.   Soziale Gruppenarbeit in der Schule

Im Folgenden wird zunächst erklärt, was Sozialer Gruppenarbeit ist und anschließend werden die Ziele von Sozialer Gruppenarbeit definiert. Abschließend beschreibt ein Unterkapitel die Voraussetzungen, die erfüllt sein müssen, damit Soziale Gruppenarbeit gelingt und es werden die unterschiedlichen Gruppenphasen beschrieben.

3.1.   Was ist Soziale Gruppenarbeit?

Die Soziale Gruppenarbeit als Methode der Sozialen Arbeit gibt es seit den 1960er Jahren. Das Ziel war es zu der Zeit, die Ausbildung der SozialarbeiterInnen aufzuwerten. 1970/1971 gab es dann jedoch mit der Einführung der Fachhochschulen eine Marginalisierung der Ausbildung in praktischer sozialer Gruppenarbeit. Die Methode wurde abgewertet und Einflüsse der Psychologie und Soziologie bekamen einen zentralen Stellenwert. Zudem wurde der Fokus der SozialarbeiterInnen mehr auf die Gemeinwesenarbeit gelegt, da dadurch mehr gesellschaftliche Veränderungen erreicht würden. Mit der Aufnahme der Sozialen Gruppenarbeit im SGB VIII als § 29 „erfolgte eine vorsichtige Wiederbelebung und eine Aufwertung der sozialen Gruppenarbeit in Deutschland" (Behnisch et al. 2013, S.71).

Nach § 29 SGB VIII ist Soziale Gruppenarbeit eine der acht Leistungen der Hilfen zur Erziehung:

> „Die Teilnahme an sozialer Gruppenarbeit soll älteren Kindern und Jugendlichen bei der Überwindung von Entwicklungsschwierigkeiten und Verhaltensproblemen helfen. Soziale Gruppenarbeit soll auf der Grundlage eines gruppenpädagogischen Konzepts die Entwicklung älterer Kinder und Jugendlicher durch soziales Lernen in der Gruppe fördern."

Die Autoren fügen zu der Erklärung im engeren Sinne hinzu, dass „Soziale Gruppenarbeit [...] ein allgemeiner und unverzichtbarer pädagogischer Ansatz für die Individuation und Sozialisation des Einzelnen [ist]" (Behnisch et al. 2013, S.18).

„Soziale Gruppenarbeit hat [...] auch eine inhaltsbezogene Aufgabenstruktur, die über die subjektiven und intersubjektiven Dimensionen hinausweist" (ebd., S.19). Die Autoren machen damit auf drei Dimensionen aufmerksam: (1) die Dimension des Individuums, (2) die Dimension der Interaktionsbeziehungen und (3) die Dimension des Inhalts. Jeder Einzelne einer sozialen Gruppenarbeit tritt in Interaktion mit den anderen Gruppenmitgliedern und beeinflusst somit sich selbst und die Anderen. Es entsteht eine Dynamik innerhalb einer Gruppe, die von der Leitung beeinflusst werden kann. Die Inhaltsdimension beschreibt den lernenden Effekt, den eine Gruppenarbeit auf die Kinder und Jugendlichen ausübt, da es bei Sozialen Gruppenarbeiten nicht nur um das Miteinander geht, sondern die Gruppenmitglieder auch etwas lernen. Zusammenfassend geben die Autoren folgende Definition von sozialer Gruppenarbeit:

> „Soziale Gruppenarbeit ist also eine Maßnahme, die von der gleichwertigen Bedeutung *individueller*, *interaktioneller* und *inhaltlicher Dimensionen* ausgeht und in ihre Gestaltung auf deren *balancierte Wechselwirkung* setzt" (ebd., S.19f).

Die vierte und letzte Dimension ist die kontextuelle Dimension. Sie wird von den Autoren als wichtig erachtet, weil soziale Gruppenarbeit immer in einem Kontext stattfindet, der die Maßnahme beeinflusst. (vgl. Behnisch et al. 2013, S. 17–20)

Dagegen sind Stüwe et al. der Auffassung, dass Soziale Gruppenarbeit der Schulsozialarbeit gemäß § 11 SGB VIII oder § 13 SGB VIII, nicht jedoch nach § 29 SGB VIII im Sinne einer erzieherischen Hilfe durchgeführt wird. Für Stüwe et al. ist die Soziale Gruppenarbeit die Hauptaufgabe von Schulsozialarbeit. In der Schule existieren eine Reihe verpflichtender Gruppenarbeiten wie z.B. in Klassen oder Fördergruppen. Die Gruppenarbeiten der Schulsozialarbeit sind hingegen freiwillig und werden als Offenes Angebot verstanden. (vgl. Stüwe et al. 2015, S. 295ff)

Im Kontext der Schule geschieht sozialpädagogische Gruppenarbeit automatisch aus dem Grund, da eine Schulklasse eine Gruppe ist, sagen Spies und Pötter und heben hervor, dass eine Klasse einer Schule nicht mit einer sozialpädagogischen Gruppe gleichgesetzt werden darf. Die Gruppengröße einer Klasse übersteigt die Größe, die für sozialpädagogische Gruppenarbeit sinnvoll ist. Gleichwohl bezieht sich die Schulsozialarbeit auf sozialpädagogische Gruppenarbeit einer Klasse, wenn den

SchülerInnen das soziale Lernen nahe gebracht wird. (vgl. Spies und Pötter 2011, S. 76)

Spies und Pötter definieren Sozialpädagogische Gruppenarbeit als Maßnahme der Schulsozialarbeit, um zum Einen Inhalte zu vermitteln und zum Anderen präventiv Situationen des sozialen Lernens zu konstruieren. Die Autoren vertreten die Meinung, dass Sozialpädagogische Gruppenarbeit auch zu den Freizeitangeboten der offenen Kinder- und Jugendarbeit zählt und zur Konfliktbewältigung beiträgt, auch wenn dies einen eigenen Aufgabenbereich der Schulsozialarbeit darstellt. (vgl. Spies und Pötter 2011, S. 96) Auf die genauen Ziele sozialer Gruppenarbeit geht das folgende Kapitel näher ein.

3.2. Ziele der sozialen Gruppenarbeit

„Über Inhalte und Zugehörigkeit der sozialpädagogisch konzipierten Gruppe lernen Kinder und Jugendliche, die Schwierigkeiten im sozialen oder emotionalen Verhalten zeigen, ihre eigenen Fähigkeiten und Kompetenzen sowie Handlungsstrategien kennen und reflektiert einzuschätzen" (Spies und Pötter 2011, S. 96).

Soziale Gruppenarbeit darf jedoch von den Sozialarbeitskräften nicht nur für verhaltensauffällige Kinder und Jugendliche angeboten werden, da die Arbeit auch der Prävention dient. Außerdem hebt Stüwe hervor, dass Ziele der Gruppenarbeiten mit den teilnehmenden Kindern und Jugendlichen ausgehandelt werden, damit sie partizipieren. (vgl. Stüwe et al. 2015, S. 299)

Als weitere Ziele nennen die Autoren Spies und Pötter folgende:

- Förderung der sozialen Beziehungsfähigkeit und der individuellen Persönlichkeitsentwicklung

- Abbauen von Lernbarrieren

- Verbesserung der Lern- und Arbeitsmotivation

- Unterstützung in individuellen Entwicklungskrisen (vgl. Spies und Pötter 2011, S. 98)

Es wird deutlich, dass Empowerment eines der Ziele ist, da der Empowerment-Ansatz darauf abzielt, die eigenen Möglichkeiten der Menschen zu erweitern. Sie werden in die Lage versetzt, mit den eigenen Belastungen, Krisen und Konflikten aktiv und angemessen umzugehen und für ihre eigenen Bedürfnisse und Wünsche einzutreten. (vgl. Lenz 2011, S. 15) „Ziel der Empowermentpraxis ist es, vorhandene (wenngleich eventuell verschüttete) Fähigkeiten der Menschen zu bekräftigen und Ressourcen zu fördern, mit deren Hilfe sie befähigt werden, die eigenen Lebenswege und Lebensräume selbstbestimmt zu gestalten" (Lenz 2011, S. 13).

Das nächste Kapitel geht nun auf die Voraussetzungen von Sozialer Gruppenarbeit ein und beschreibt den Ablauf mit den unterschiedlichen Phasen.

3.3. Voraussetzungen und Ablauf Sozialer Gruppenarbeit

Behnisch et. al beschreiben einige der relevanten institutionellen Einflussfaktoren, die für die Gestaltung von Gruppenprozessen berücksichtigt werden müssen. Dazu gehört zunächst die Vorgeschichte der Gruppe. Kennen sich die Gruppenmitglieder vor dem ersten Treffen? Haben die Jugendlichen eine „Vorgeschichte" (Behnisch et al. 2013, S.208). Ein anderer Einflussfaktor ist, ob es sich um eine offene oder geschlossene Gruppe handelt. Bei einer offenen Gruppe wechseln die Teilnehmenden, was die Dynamik der Gruppe beeinflusst. Außerdem muss berücksichtigt werden, ob die Gruppe verpflichtend ist. Ist es eine Funktions- oder Wahlgruppe? Der Grad der Gruppenverpflichtung wirkt sich auf die Motivation der Teilnehmenden aus und ist daher zu berücksichtigen. Ein weiterer Punkt ist die Auswahl der Gruppenmitglieder. Kann die Auswahl selber getroffen werden (und auf Alter, Bedürfnisse, Lernziele abgestimmt sein)? Des Weiteren muss der Zugang der Gruppenleitung, die Finanzierung des Angebotes, zeitliche Ressourcen sowie der Ort und die Räumlichkeit berücksichtigt werden. Behnisch et al. betonen, dass die Wirkung eines Raumes für eine Soziale Gruppenarbeit nicht unterschätzt werden darf. Räume *„prägen und strukturieren* [...] die Gruppenprozesse" (ebd., S. 210) und können vorab „*symbolisch* besetzt sein" (ebd., S.210), was sich negativ auf die Gruppenarbeit auswirken kann. (vgl. ebd., S. 206–211)

Sozialpädagogische Gruppenarbeit besteht aus verschiedenen Phasen, die die Gruppe durchläuft. Benisch et. al berufen sich bei der Beschreibung der fünf Gruppenphasen auf das Konzept von dem amerikanischem Psychologen Bruce Wayne Tuckman von 1965. Tuckman stellte ein Modell vor, bei dem es folgende Phasen gibt: Forming (Gründungsphase), Storming (Streitphase), Norming (Vertragsphase), Performing (Arbeitsphase) und Adjourning (Trennungphase). Auf die Gruppenphasen einer Sozialen Gruppenarbeit lassen sich die einzelnen Phasen folgendermaßen erläutern: In der Gründungsphase kommen die neuen Teilnehmenden zusammen und lernen sich kennen. Sie müssen sich orientieren und ihren Platz in der Gruppe finden. In der Vertragsphase grenzen sich die Jugendlichen vorerst ab, da sie Vertrauen in die Gruppe und die Leitung gewinnen müssen. Die Arbeitsphase stellt die Phase dar, in der die Gruppe eine Balance zwischen autonomen Verhalten und der wechselseitigen Abhängigkeit der Anderen gefunden hat. Es besteht „eine Atmosphäre von Vertrauen und Intimität" (ebd., S. 232). Die Trennungsphase stellt für die Gruppenleitung und die Gruppenmitglieder eine schwierige Phase dar. Der Abschied fällt besonders schwer, wenn neue Freundschaften geschlossen wurden und die Kinder und Jugendlichen zu Hause nicht die Aufmerksamkeit oder Akzeptanz erfahren, wie sie es in der Gruppe hatten. Benisch et. al weisen daraufhin, dass die Gruppenleitung den Kindern und Jugendlichen Raum für die Gefühle geben sollte. (vgl. Behnisch et al. 2013, S. 224–237)

Insgesamt kann festgehalten werden, dass Soziale Gruppenarbeit unterschiedliche Ziele verfolgt. Im Vordergrund steht jedoch die Förderung der Persönlichkeitsentwicklung bei den Jugendlichen, die Überwindung von Entwicklungsschwierigkeiten und Verhaltensproblemen sowie die Förderung der Entwicklung durch soziales Lernen. In dem nächsten Kapitel wird nun der Ansatz der Positiven Peerkultur beschrieben.

4. Positive Peerkultur

Einleitend zu diesem Kapitel soll zunächst ein Beispiel aus dem Beitrag von Opp und Teichmann beschrieben werden, um zu zeigen, wann Positive Peerkultur[2] eingesetzt werden kann.

Die Autoren schildern folgende Situation: Eine Erzieherin muss einen Konflikt zwischen zwei Jugendlichen lösen. Einer der Jugendlichen beschuldigt den anderen, dass dieser seine CD gestohlen hätte. Die Autoren schreiben, dass die Erzieherin zur Lösung des Problems die ganze Gruppe der Jugendlichen zusammenholt, damit sie das Problem selber untereinander lösen. Opp und Teichmann merken an, dass einige PädagogInnen die Befürchtung haben könnten, dass die Jugendlichen nicht in der Lage dazu seien, diesen Konflikt untereinander zu lösen. Jedoch sind sie der Meinung, dass das Ziel der Pädagogik ist, „dass die Jugendlichen die Fähigkeiten erwerben, Alltagsprobleme und -konflikte selbständig miteinander zu lösen" (Opp und Teichmann 2008, S. 15–16).

Daran aufbauend wird nun erklärt, welche Ziele mit der PPC erreicht werden sollen, wie der Ablauf einer PPC aussieht und welche Rolle die Pädagogin bzw. der Pädagoge bei dem Konzept spielt. Abschließend werden am Ende des Kapitels Ergebnisse aus der Praxis eines Forschungsprojektes an der Martin-Luther-Universität Halle wiedergegeben, um die Wirkung des PPC Ansatzes zu verdeutlichen.

4.1. Ziele der Positiven Peerkultur

„Wenn die Gruppe der Gleichaltrigen, der Peers, lernen soll, die alltäglichen Problemstellungen und Konflikte, die Ängste, Sorgen und Nöte der Gruppenakteure wahrzunehmen, zu diskutieren und, wo das möglich ist, zu lösen, dann sprechen wir von *Positiver Peerkultur*" (Opp und Teichmann 2008, S. 16).

---

2   Im folgenden wird Positive Peerkultur mit PPC abgekürzt, da die englische Bezeichnung „positive peer culture" ist

PPC ist ein Stärkenansatz, der die Jugendlichen dazu befähigt, ihr Vertrauen in sich selbst zu stärken, um Lösungen für eigene Probleme zu finden. Eine weitere Aufgabe der Positiven Peerkultur ist es, „Gemeinschaften zu bilden, die Sicherheit und ein Gefühl der Zugehörigkeit vermitteln" (Opp und Teichmann 2008, S.24). Die Jugendlichen erfahren zum Einen, dass die anderen Jugendlichen ähnliche Probleme und Sorgen haben. Zum Anderen bekommen sie Hilfe von anderen Jugendlichen und erkennen selber, dass sie anderen Jugendlichen helfen können. Sie erlernen im Rahmen der Positiven Peerkultur also Hilfe zu geben und anzunehmen. (vgl. ebd., S. 16)

PPC fördert zudem die Kooperation und Partizipation der Jugendlichen. Durch den Prozess der PPC lernen die Jugendlichen, Respekt gegenüber den Sichtweisen und Problemen anderer Jugendlicher zu zeigen. Die Jugendlichen haben ein Mitspracherecht, da ihre Meinung bei der Positiven Peerkultur zählt.

Es handelt sich bei der Positiven Peerkultur um eine „gleichrangige Beratungssituation" (Teichmann und Opp 2008, S. 183). Vorrath und Brendtro ergänzen diese Ansicht: „he comes to help others and thereby to receive help with his own problems" (Vorrath und Brendtro 1985, S. 6). Die Autoren meinen, dass Jugendliche, die selber schwierige Phasen ihres Lebens überwunden haben, daraus lernen und dadurch anderen Jugendlichen mit ähnlichen Problemen helfen können. Sie vergleichen PPC mit dem Kreis Anonymer Alkoholiker, wo auch die ehemaligen Alkoholiker von ihren Problemen und vor allem ihren positiven Momenten berichten und andere davon lernen können. Vorrath & Brendtro nehmen an, dass Erwachsene bei der Arbeit mit schwierigen Jugendlichen zu oft nur deren Schwächen und nicht deren Stärken sehen. Gerade aber die Überwindung von schwierigen Situationen gibt den Jugendlichen Kraft. Sie müssten nur erkennen, was in ihnen steckt. (vgl. ebd., S. 6f)

Das Handlungskonzept der PPC kann individuell flexibel auf unterschiedliche Praxisfelder und deren jeweiligen TeilnehmerInnen angepasst werden. (vgl. Unger 2008, S. 64). Teichmann und Opp vertreten die Meinung, dass die Positive Peerkultur vor allem für sozial schwächere und risikobelastete Kinder und Jugendliche ein guter Ansatz sei, damit sie Respekt, Solidarität und Unterstützung erfahren. (vgl. Teichmann und Opp 2008, S. 192)

14

PPC gelingt nur, wenn es ein Vertrauen in der Gruppe gibt und alle Jugendlichen wissen, dass die angesprochenen Themen innerhalb der Gruppe bleiben. Die Jugendlichen müssen sich öffnen können, über schwierige Themen oder eigene Ängste zu reden. (vgl. Opp und Teichmann 2008, S. 17–28) „Es wird die jeweilige Gruppe stärken, wenn ihre Mitglieder das Vertrauen entwickeln, auch persönliche, belastende Themen im Gruppenkontext zu besprechen und den Kopf dadurch auch frei zu machen für die schulischen Lernprozesse" (Teichmann und Opp 2008, S. 185).

Zusammenfassend kann festgehalten werden, dass die Positive Peerkultur verschiedene Ziele verfolgt, die jedoch alle den Jugendlichen im Fokus haben. Der Ansatz soll den Jugendlichen dazu befähigen, das eigene Vertrauen zu stärken und sowohl damit anderen Jugendlichen zu helfen als auch Hilfe anzunehmen. Wie dies nun in der Praxis abläuft, wird in dem nächsten Abschnitt genauer erläutert.

4.2. Ablauf der Positiven Peerkultur

„Lernprozesse im Rahmen Positiver Peerkultur vollziehen sich in Anlehnung an erprobte Gesprächsstrukturen in vier Schritten:

1. Artikulation eigener Probleme,

2. Lösungssuche für diese Probleme,

3. Verantwortungsübernahme für die Lösungsumsetzung und

4. Unterstützung anderer bei diesem Problem" (Teichmann und Opp 2008, S. 185).

Diese vier Schritte stellen die Grundlage der Durchführung einer PPC dar. Darüber hinaus müssen jedoch die Phasen berücksichtigt werden, die eine Gruppe während einer PPC durchläuft. Vorrath & Brendtro nennen sie: „Casing, Limit testing, Polarization of values, A positive peer culture" (Vorrath und Brendtro 1985, S.46f). In der ersten Phase lernen sich die Gruppenmitglieder untereinander und die Methode des PPC kennen. Die Aufgabe der Pädagogin / des Pädagogen besteht darin, die Jugendlichen in die Methode einzuführen und davon zu überzeugen, dass sie in der Lage sind, PPC auszuüben. In der zweiten Phase tendieren die Gruppenmitglieder Cliquen zu bilden. In dieser Phase wollen die Gruppenmitglieder entweder aus dem Programm aussteigen und verhalten sich dementsprechend in der Gruppe oder sie lassen sich überzeugen. Die Pädagogin / der Pädagoge muss zunächst abwarten und die Gruppe dazu führen, dass die Jugendlichen füreinander Verantwortung zeigen. Einzelnen Gruppenmitgliedern wird beigebracht, den Gruppenprozess zu analysieren und zu erkennen, welche schädlichen Auswirkungen einzelner Gruppenmitglieder durch ihr schlechtes Verhalten auf die Gruppe haben. In der dritten Phase müssen sich die Jugendlichen überlegen, ob sie für eine Veränderung bereit sind. Diejenigen, die dazu bereit sind, fangen an sich mit der Gruppe zu identifizieren. Diejenigen, die nicht überzeugt sind von der Methode, wenden sich dagegen oder steigen ganz aus. Die Pädagogin / der Pädagoge versucht dann, die nicht überzeugten Jugendlichen auf ihr schlechtes Verhalten anzusprechen, tut dies jedoch nicht vor der Gruppe. Beim Eintreten der letzten Phase hat sich eine starke Gruppe gebildet, die cliquenfrei ist und deren Gruppenmitglieder sich um einander sorgen und kümmern. Ab diesem Zeitpunkt fühlen sich ältere Gruppenmitglieder bereit, auch außerhalb der PPC Gruppe anderen zu helfen. Die Pädagogin / der Pädagoge macht die positiven Veränderungen der Gruppe deutlich und hält sich so gut es geht heraus. (vgl. Vorrath und Brendtro 1985, S. 46–49)

4.3. Aufgaben der PädagogInnen

In dem vorherigen Abschnitt wurden bereits einige Aufgaben der PädagogInnen aufgezählt, die speziell in den einzelnen Phasen wichtig sind. Die Hauptaufgabe ist jedoch „die Schaffung positiver pädagogischer Rahmenbedingungen anstelle der traditionell präferierten Intervention bei individuellen Konflikten und Lernproblemen" (Teichmann und Opp 2008, S. 192). Es liegt nicht in der Verantwortung der PädagogInnen, die Probleme der Jugendlichen zu lösen. Sie sollen hingegen die Verantwortung an die Jugendlichen zurück geben, notwendige Hilfe bereitstellen, aber auch eine verantwortungsvolle Mitsprache einfordern. Dadurch können die Jugendlichen lernen, die Verantwortung auszufüllen. Die PädagogInnen sollten den Rahmen und die Kultur für Positive Peerkultur schaffen. Opp und Teichmann merken an, dass diese Aufgabe nicht unbedingt leichter ist für die PädagogInnen. (vgl. Opp und

Teichmann 2008, S. 16) Vorrath und Brendtro sehen dies ähnlich: „it is not necessary to overcome the peer group's power; instead, the peer group's action is rechanneled to achieve the intended goal. [...] for our intention is not to defeat young people but to bring forth their potentials" (Vorrath und Brendtro 1985, S. 3).

Es ist wichtig, dass die PädagogInnen, die eine PPC Gruppe betreuen, sich genau mit dem Konzept auskennen. Die Jugendlichen benötigen die Unterstützung der Pädagogin oder des Pädagogen, weil sie nicht immer sofort verstehen, wie PPC funktioniert, skeptisch gegenüber der Methode sind und sich dann nicht angemessen in der Gruppe verhalten. (vgl.ebd., S. 45f)

Für Teichmann und Opp ist klar, dass mit dem Ansatz der Positiven Peerkultur nicht nur deutlich wird, dass die Pädagoginnen und Pädagogen eine neue Aufgabe haben, sondern auch, dass es eine Veränderung in der konzeptionellen Grundlage von Bildungseinrichtungen geben muss. Sie erläutern, dass sich die Bildungseinrichtungen mehr an Partizipation und Kooperation orientieren müssten. Die Positive Peerkultur macht möglich, dass die Pädagoginnen und Pädagogen Verantwortung an die Jugendlichen abgeben und sie so partizipieren lassen. (vgl. Teichmann und Opp 2008, S. 192)

Abschließend werden im folgenden Abschnitt die Ergebnisse eines Forschungsprojektes kurz dargestellt, um zu zeigen, welche Themen Jugendliche in der PPC behandeln.

4.4.   Ergebnisse aus der Praxis

Im Folgenden werden Praxisbeispiele beschrieben, die im Rahmen eines Forschungsprojektes an der Martin-Luther-Universität Halle 2002 entdeckt wurden. Nicola Unger beschreibt in ihrem Beitrag ein vorläufiges Fazit des insgesamt fünf Jahre dauerndem Forschungsprojektes „Gemeinsam statt einsam", bei dem eine feste Gruppe Jugendlicher die PPC praktizierte:

Themen, die in den Beratungsgesprächen häufig vorkommen, sind Freundschaft, familiäre Probleme wie Tod eines Familienmitglieds, Scheidung oder Streit mit Eltern oder Geschwistern und ein Umzug. Zum Erstaunen der Autorin werden schulische

Probleme in der Gruppe nicht angesprochen. In dem Projekt zeigt sich, dass die Jugendlichen durch PPC nicht nur Lösungen für ihre Probleme von den anderen Jugendlichen erhalten, sondern sich in der Gruppe vor allem auch ein Zugehörigkeitsgefühl entwickelt. Die Jugendlichen zeigen Verständnis für die Probleme anderer und fühlen sich selber akzeptiert. Neue TeilnehmerInnen müssen jedoch erst ein Vertrauen in die Gruppe bekommen, um sich zu öffnen. Gleichzeitig wird von der Gruppe erwartet, dass sich möglichst jeder einbringt, da dies sonst von einigen Gruppenmitgliedern als unfair gesehen wird. Die Jugendlichen sind gleich verantwortlich für die Einbringung der Themen und sollten sich aktiv beteiligen. Bei dem Projekt gab es zwei Jugendlichen, die die Moderatorenrolle übernommen haben. Beide berichten, dass sie durch ihre besondere Rolle in der Gruppe viel gelernt hätten. Sie gibt ihnen das Gefühl, dass die Pädagogin ihnen vertraut und sie respektiert. (vgl. Unger 2008, S. 71–84)

5.   Fazit

Die vorliegende Arbeit beschäftigt sich mit der Sozialen Gruppenarbeit an Schulen, die von SozialpädagogInnen für die Jugendlichen angeboten wird. Dies ist nur eine der Aufgaben, die die Schulsozialarbeit trägt, wie in Kapitel 2.1 deutlich wird. Auch wenn die Arbeit an der Institution Schule stattfindet, steht in diesem Kontext die Peergruppe von Jugendlichen als Sozialisationsinstanz im Vordergrund (siehe Kapitel 2.2). In der Jugendphase müssen die Jugendlichen verschiedene Entwicklungsaufgaben bewältigen, wobei die gleichaltrigen Peers für den Austausch über Probleme da sind. Eines der Entwicklungsaufgaben ist die Persönlichkeitsentwicklung der Jugendlichen. Wie in Kapitel 3 deutlich wird, ist dies auch eines der Ziele von Sozialer Gruppenarbeit. Demzufolge unterstützen die SozialpädagogInnen die Jugendlichen damit, indem sie Soziale Gruppenarbeit anbieten. Dies kann in unterschiedlicher Art und Weise stattfinden. Der in dieser Arbeit untersuchte Ansatz der Positiven Peerkultur wird in Kapitel 4 beschrieben.

Es wird deutlich, dass der Ansatz der Positiven Peerkultur zum Gelingen von Sozialer Gruppenarbeit beiträgt, denn die Jugendlichen, die an der PPC teilnehmen, helfen sich gegenseitig und stärken ihr Vertrauen an sich selbst. Dies führt zu einer Förderung der Kooperation und Partizipation, was auch mit der Sozialen Gruppenarbeit erreicht werden soll. Die Positive Peerkultur fördert außerdem das soziale Lernen der Jugendlichen, was auch ein Aspekt der Sozialen Gruppenarbeit ist. Jedoch kommt die Frage auf, ob Schüler und Schülerinnen über ihre Konflikte, die sie mit den Eltern haben, bei der sozialpädagogischen Gruppenarbeit bzw. mithilfe der PPC reden können und diese lösen bzw. besser verstehen? Wenn das Angebot der PPC freiwillig ist, wie viele Jugendlichen nehmen es in Anspruch und wie vielen kann dadurch geholfen werden?

Insgesamt muss kritisch angemerkt werden, dass es noch immer einen Forschungsdefizit in Deutschland im Vergleich zu den USA allgemein zur Schulsozialarbeit gibt. Die Arbeit kann daher nicht belegen, wie wirksam der Ansatz der Positiven Peerkultur ist oder an wie vielen Schulen er erfolgreich angewendet wird.

Literaturverzeichnis

BEHNISCH, MICHAEL; LOTZ, WALTER; MAIERHOF, GUDRUN (Hrsg) (2013):
Soziale Gruppenarbeit mit Kindern und Jugendlichen. Theoretische Grundlage -
methodische Konzeption - empirische Analyse. Weinheim: Beltz Juventa
(Grundlagentexte Soziale Berufe).

BUNDESMINISTERIUM DER JUSTIZ UND FÜR VERBRAUCHERSCHUTZ:
SOZIALGESETZBUCH (SGB) - Achtes Buch (VIII). Online verfügbar unter
https://www.gesetze-im-internet.de/sgb_8/__29.html (Stand: 27.02.2017).

HARRING, MARIUS; BÖHM-KASPER, OLIVER et al. (2010): Peers als Bildungs-
und Sozialisationsinstanzen – eine Einführung in die Thematik. In: Marius
Harring, Oliver Böhm-Kasper, Carsten Rohlfs und Christian Palentien (Hg.):
Freundschaften, Cliquen und Jugendkulturen. Peers als Bildungs- und
Sozialisationsinstanzen. Wiesbaden: VS Verl. für Sozialwiss, S. 9–19.

HURRELMANN, KLAUS (2012): Bachelor | Master: Sozialisation. 1. Aufl. Weinheim:
Julius Beltz (Pädagogik 2013).

LENZ, ALBERT (Hrsg.) (2011): Empowerment. Handbuch für die ressourcenorientierte
Praxis. Tübingen: Dgvt-Verl. (Fortschritte der   Gemeindepsychologie und
Gesundheitsförderung, 22).

OLK, THOMAS; SPECK, KARSTEN (2009): Was bewirkt Schulsozialarbeit?
Theoretische Konzepte und empirischeBefunde an der Schnittfläche zwischen
formaler und non-formaler Bildung. In: *Zeitschrift für Pädagogik* (55), S. 910–
927.

OPP, GÜNTHER; TEICHMANN, JANA (2008): Grundlegende Gedanken zum Thema
Positive Peerkultur. In: Günther Opp und Jana Teichmann (Hg.): Positive
Peerkultur. Best practices in Deutschland. Bad Heilbrunn: Klinkhardt, S. 15–29.

SPECK, KARSTEN (2006): Qualität und Evaluation in der Schulsozialarbeit.
Konzepte, Rahmenbedingungen und Wirkungen. 1. Aufl. Wiesbaden: VS Verlag

für Sozialwissenschaften / GWV Fachverlage GmbH Wiesbaden (Forschung und Pädagogik).

SPIES, ANKE; PÖTTER, NICOLE (2011): Soziale Arbeit an Schulen. Einführung in das Handlungsfeld Schulsozialarbeit. 1. Aufl. Wiesbaden: VS Verlag für Sozialwissenschaften / Springer Fachmedien Wiesbaden GmbH Wiesbaden (Beiträge zur Sozialen Arbeit an Schulen, 1).

STÜWE, GERD; ERMEL, NICOLE; HAUPT, STEPHANIE (2015): Lehrbuch Schulsozialarbeit. Weinheim: Beltz Juventa (Studienmodule Soziale Arbeit).

TEICHMANN, JANA; OPP, GÜNTHER (2008): Positive Peerkultur - ein universelles pädagogisches Handlungskonzept. In: Günther Opp und Jana Teichmann (Hg.): Positive Peerkultur. Best practices in Deutschland. Bad Heilbrunn: Klinkhardt, S. 175–194.

UNGER, NICOLA (2008): Positive Peerkultur im schulischen Kontext. "Wenn die anderen dann auch so erzählen, dann gibt man sich einen Ruck und macht das dann auch mal.". In: Günther Opp und Jana Teichmann (Hg.): Positive Peerkultur. Best practices in Deutschland. Bad Heilbrunn: Klinkhardt, S. 59–84.

VORRATH, HARRY H.; BRENDTRO, LARRY K. (1985): Positive Peer Culture. 2. ed. New York: Aldine.

ZIEGELE, URI; SEITERLE, NICOLETTE; GSCHWIND, KURT (Hrsg.) (2014): Soziale Arbeit in der Schule. Definition und Standortbestimmung. Hochschule Luzern. Luzern: Interact.